Walter Serner

# Letzte Lockerung

manifest dada

Walter Serner: Letzte Lockerung manifest dada

Entstanden 1918. Erstdruck 1920 Hannover, Paul Steegemann. Anton van Hoboken gewidmet.

Neuausgabe
Herausgegeben von Karl-Maria Guth
Berlin 2016

Umschlaggestaltung von Thomas Schultz-Overhage unter Verwendung des Bildes: Sophie Taeuber-Arp, Gouache sur papier, 1918

Gesetzt aus der Minion Pro, 11 pt

Verlag: Henricus - Edition Deutsche Klassik GmbH
Mörchinger Str. 33, 14169 Berlin, info@henricus-verlag.de
Druck: Libri Plureos GmbH, Friedensallee 273, 22763 Hamburg

ISBN 978-3-86199-689-7

Bibliografische Information der Deutschen Nationalbibliothek

Die Deutsche Nationalbibliothek verzeichnet diese Publikation in der Deutschen Nationalbibliografie; detaillierte bibliografische Daten sind im Internet über www.dnb.de abrufbar.

**I**

1° Um einen Feuerball rast eine Kotkugel, auf der Damenseidenstrümpfe verkauft und Gauguins geschätzt werden. Ein fürwahr überaus betrüblicher Aspekt, der aber immerhin ein wenig unterschiedlich ist: Seidenstrümpfe können begriffen werden, Gauguins nicht. (Bernheim als prestigieuser Biologe zu imaginieren.) Die tausend Kleingehirn-Rastas embêtantester Observanz, welche erigierten Bourgeois-Zeigefingern Feuilletonspalten servieren (o pastoses Gepinkel!), um Geldflüsse zu lockern, haben dieserhalb Verwahrlosungen angerichtet, die noch heute manche Dame zu kurz kommen lassen. (Man reflektiere drei Minuten über die Psychose schlecht behandelter Optik; klinisches Symptom, primär: Unterschätzung der Damenseidenstrümpfe; sekundär: Verdauungsbeschwerden.)

2° Was dürfte das erste Gehirn, das auf den Globus geriet, getan haben? Vermutlich erstaunte es über seine Anwesenheit und wußte mit sich und dem schmutzigen Vehikel unter seinen Füßen nichts anzufangen. Inzwischen hat man sich an das Gehirn gewöhnt, indem man es so unwichtig nimmt, daß man es nicht einmal ignoriert, aus sich einen Rasta gemacht (zu unterst: schwärzlicher Pole; zu oberst: etwa Senatspräsident) und aus der mit Unrecht so beliebten Natur eine Kulisse für ein wahrhaftig sehr starkes Stück. Dieser zweifellos nicht sonderlich heroische Ausweg aus einem immer noch nicht weidlich genug gewürdigten Dilemma ist zwar vollends reizlos geworden, seit er so absehbar ist (wie albern ist eine Personenwage!), aber eben deshalb sehr geeignet, gewisse Prozeduren vorzunehmen.

3° Auch einem Lokomotivführer fällt es jährlich wenigstens einmal ein, daß seine Beziehungen zur Lokomotive durchaus nicht zwingend sind und daß er von seinem Ehgespons nicht viel mehr weiß als nach jener warmen Nacht im Bois. (Hätte ich La Villette genannt oder die Theresienwiese, so wären beide Beziehungen gänzlich illusorisch; Fingerzeig für Habili-tanten: »Über topographische Anatomie, psychischen Luftwechsel und Verwandtes.«) Im Hotel Ronceroy oder in Picadilly kommt es hingegen bereits vor, daß es verteufelt unklar wird, warum man jetzt gerade auf seine Hand glotzt und trillert, sich kratzen hört und seinen Speichel liebt. Diesem scheinbar so friedlichen Exempel ist die Möglichkeit, daß das penetrante Gefühl der Langeweile zu einem Gedanken über ihre Ursache sich emporturnt, am dicksten. Solch ein lieblicher Moment arrangiert den Desperado (o was für ein Süßer!), der als Prophet, Künstler, Anarchist, Staatsmann usw., kurz als Rasta Unfug treibt.

4° Napoleon, ein doch wirklich tüchtiger Junge, behauptete unverantwortlicher Weise, der wahre Beruf des Menschen sei, den Acker zu bestellen. Wieso? Fiel ein Pflug vom Himmel? Aber *etwas* hat der homo doch mitbekommen, supponiere ich mir eine liebesunterernährte Damenstimme. Nun, jedenfalls nicht das Ackern; und Kräuter und Früchte sind schließlich auch schon damals dagewesen. (Bitte hier bei den deutschen Biogeneten nachzulesen, warum ich Unrecht habe. Es wird jedoch sehr langweilen. Deshalb habe ich recht.) Letzthin also: auch Napoleon, der ansonsten sehr erfreulich frische Hemmungslosigkeiten äußerte, war streckenweise Stimmungsathlet. Schade. Sehr schade.

5° *Alles* ist nämlich rastaquouèresk, meine lieben Leute. Jeder ist (mehr oder weniger) ein überaus luftiges Gebilde, dieu merci. (Nur nebenbei: 10 centimes dem Kühnen, der mir nachweist, daß etwas letztlich *nicht* willkürlich als Norm herumspritzt!) Anders würde übrigens ein epidemisches Krepieren anheben. Diagnose: rabiate Langeweile; oder: panische Resignation; oder: transzendentales Ressentiment usw. (Kann, beliebig fortgesetzt, zum Register sämtlicher unbegabter Zustände erhoben werden.) Der jeweilige landläufige Etat der bewohnten Erdoberfläche ist deshalb lediglich das folgerichtige Resultat einer unerträglich gewordenen Langeweile. Langeweile: nur als harmlosestes Wort. Jeder suche sich die ihm schmackhafteste Vokabel für seine Minderwertigkeit! (Herziges Sujet für ein scharfes Pfänderspiel!)

6° Es ist allgemein bekannt, daß ein Hund keine Hängematte ist; weniger, daß ohne diese zarte Hypothese Malern die Schmierfaust herunterfiele; und überhaupt nicht, daß Interjektionen am treffendsten sind: Weltanschauungen sind Vokabelmischungen … Sapristi, hier muß die Prozedur ein wenig erweitert werden. (Kleines Bild: leichte Kraneotomie!) Nun: alle Stilisten sind nicht einmal Esel. Denn Stil ist nur eine Verlegenheitsgeste wildester Struktur. Und da Verlegenheit (nach kurzer Beschlafung) als perfekteste Reue über sich selber sich entschält, ist merkbar, daß die Stilisten aus Besorgnis, für Esel gehalten zu werden, um vieles schlechter als diese sich benehmen. (Esel haben nämlich zwei weitaus überragende Eigenschaften: sie sind störrisch und faul.) Der Unterschied zwischen Paul Oskar Höcker, Dostojewskij, Zobeltitz und Wedekind blaut daher lediglich in der Kontenance innerhalb der besagten Verlegenheitsgeste. Ob einer in richtig funktionierenden Trochäen oder sonstwie bilderstrotzend (alle Bilder sind plausibel) oder sozusagen expressionistisch mir vorsäuselt, daß ihm übel war, und, seit er es schwarz auf weiß hat, besser wurde, oder, daß ihm zwar wohl war (schau, schau!), aber übel wurde, als er das nicht mehr begriff (teremtete!): es ist immer dieselbe untereselhafte Anstrengung, aus der Verlegenheit sich ziehen zu wollen, indem man sie (stilisierend, ogottogotto) – *gestaltet.* Gräßliches Wort! Das heißt: aus dem Leben, das unwahrscheinlich ist bis in die Fingerspitzen, etwas Wahrscheinliches machen! Über dieses Chaos von Dreck und Rätsel einen erlösenden Himmel stülpen!! Den Menschenmist ordnend durchduften!!! Ich danke … Gibt es ein idiotischeres Bild als einen (puh!) – genial stilisierenden Kopf, der bei dieser Beschäftigung mit sich selbst kokettiert? (Nur nebenbei: meine Gunst dem Tüchtigen, der mir nachweist, daß das Kokettieren bei Ethbolden *nicht* stattfindet!) O, über die so überheitere Verlegenheit, die mit einer Verbeugung vor sich selber endet! *Deshalb* (dieser stilisierten Krümmung wegen) werden Philosophien und Romane erschwitzt, Bilder geschmiert, Plastiken gebosselt, Symphonien hervorgeächzt und Religionen gestartet! Welch ein erschütternder Ehrgeiz, zumal diese eitlen Eseleien durchwegs gründlich (sc. besonders gründlich in deutschen Gauen) mißglückt sind!! Alles Unfug!!!

7° Die schönste Landschaft, die ich kenne, ist das Café Barratte bei den Pariser Hallen. Aus zwei Gründen. Ich machte daselbst die Bekanntschaft Germaines, die u. a. zischte: »C'est possible que je serais bonne, si je savais pourquoi.« Hämisch gestehe ich es ein: ich erblaßte vor Freude. Und dann hat in diesem freundlichen Lokal Jean Kartopaïtès, der sonst nur mit Herren ohne Stehkragen sich einließ, den Verkehr mit mir brüsk abgebrochen, weil ich so unvorsichtig war, den Namen Picasso fallen zu lassen.

8° Ach die lieben weißen Porzellanteller! Denn … Nun denn: ehemals wollte man, was man nicht aussprechen zu können vorgab, also gar nicht hatte, malerisch vermitteln. (Juchhu! Als ob man auch nur eine Vizekönigin fein säuberlich abkonterfeien könnte, wenn man nicht wüßte, daß sie kein Fauteuil ist!) Wohin diese Sudelburschen geraten würden, wenn sie aufhörten, Ölphotos zu wichsen, war somit längst vorabzulächeln. (Hinter die Ohren: mehr Mädchen, bitte, mehr Mädchen!) Aber die Impressionen! Nun: *was* ist erreicht, wenn man nach heftigem Blinzeln sich zurechtbauen kann, daß jener Kartoffelvertilger auch nur eine Kuhe ersah, aber erst *so* sich vorzublähen vermochte, daß es *seine* Kuhe gewesen sei, eine ganz *besondere* Kuhe, kurz: *die* Kuh *und* erlösend? Teremtete! Aber die Expressionen! Haho: *was* ist erreicht, wenn man gefixt sieht, was ein Adjektiv leistet, und, da es auch diesem bisher mißglückt ist, orientierend zu wirken, also noch ungemalt schon mißglückt wäre? Aber die Kubisten, die Futuristen! Hoppla: die Champions dieser geradezu ultraviolett mißglückten Pinselritte ließen zwar ausblasen, sie würden die (puh!) – liberatio gleichsam von der hohen Stilschaukel herab landen (Trapezritt! Trapezritt! Etwa so: »Wir werden diese Verlegenheit schon schaukeln!«), erreichten aber nicht nur, daß nicht einmal ein Chignon ins Schaukeln geriet, sondern vielmehr gerade die wildesten Esel in geregeltem Trapp arrivierten. (O wurfbesprungener Sagot! etc. pp. pp.) Unfug! Unfug!! Unfug!!!

9° Das sub 8 im Grunde bereits für schlecht Erwachsene geredet: Fibelhaftes, außerordentlich Fibelhaftes. Immerhin noch zur Vorsicht zu notieren, meine Kleinen:

a) Plastik: sehr unhandliches Spielzeug, verschärft durch metaphysischen Augenaufschlag.

b) Musike: Pantopon- oder Ero-Ersatz. (Längst unterfibelhaft!)

c) Lyrik: ein Knabe befindet sich in der Klemme. Rezept: frage ihn, von welcher er träumt, und du kannst ihm sagen, mit welcher er nicht geschlafen hat. (Selbstverständlich befindet man sich stets in der Klemme; in der c-Klemme aber hat man sich denn doch nicht mehr zu befinden.)

d) Roman und so: die Herren reden wie am Spieß oder neuerdings überhaupt nicht mehr. Noch ein wenig Schweiß und die Sache glückt: Belletristik! (Am Spieß befindet man sich gar oft. Ein Samuel-Fischer-Band aber ist ein zu langwieriges Mittel, die Luftlinie Syrakus-Butterbrot-Zentralheizung herzustellen.)

e) Drama, Tragödie, Komödie: die Klemme spitzt sich zu, spießt sich und erregt im Publikum die dumpfe Vermutung, daß ein Cinéma wohl doch das beste zweite Dessert sei (mangels Poussagen).

In summa, meine Kleinen: die Kunst war eine Kinderkrankheit.

10° hat man nie einen Gedanken. Bestenfalls tut der Gedanke so, als ob. (Immer aber sein Einherredner!) Jedes Wort ist eine Blamage, wohlgemerkt. Man bläst immer nur Sätze zirkusähnlichsten Schwunges über Kettenbrücken (oder auch: Pflanzen, Schlüchte, Betten). Günstiger Vorschlag: man figuriere sich vor dem Einschlafen mit heftigster Deutlichkeit den psychischen Endzustand eines Selbsttöters, der durch eine Kugel sich endlich Selbstbewußtsein einloten will. Es gelingt jedoch nur dann, wenn man sich zuvor blamiert. Schwer blamiert. Entsetzlich blamiert. Ganz maßlos blamiert. So grauenhaft blamiert, daß alles mitblamiert ist. Daß jeder metaphorisch auf den Hintern fällt. Und niest.

11° Interjektionen sind am treffendsten. (Ach die lieben weißen Porzellanteller!) … Man muß diese Amphibien und Lurche, die sich für zu gut halten, Esel zu sein, zur Raison bringen. Indem man sie ihnen austreibt. Auspeitscht! Man muß dieses schauderhafte überlebensgroße Ansichtskartenblau, daß diese trüben Rastas an den He-Ho-Hu-Ha- (wie bitte?) Himmel hinaufgelogen haben, herunterfetzen. Man muß sein Haupt zag, aber sicher an das des Nachbarn titschen wie an ein faules Ei (gut, gut). Man muß das gänzlich Unbeschreibliche, das durchaus Unaussprechbare so unerträglich nah heranbrüllen, daß kein Hund länger so gescheit daherleben möchte, sondern viel dümmer. Daß alle den Verstand verlieren und ihren Kopf wiederbekommen. Man muß ihnen die Prozente, die Bibelsprüche, die Mädchenbusen, die Pfannkuchen, die Gauguins, die Rotztücher, die Schnäpse, die Strumpfbänder, die Abortdeckel, die Westen, die Wanzen, all das Zeugs, das sie gleichzeitig denken, tun und wälzen, so scharf hintereinander vor den Kinnbogen schieben, daß ihnen endlich so wohl wird, wie ihnen bislang bloß schwappig war. Man muß. Man muß eben. Teremtete!

12° Damenseidenstrümpfe sind unschätzbar. Eine Vizekönigin ist ein Fauteuil. Weltanschauungen sind Vokabelmischungen. Ein Hund *ist* eine Hängematte. L'art est mort. Vive Dada!

# II

13° Es geht nicht an, von Tyrannei zu plaudern … Was soll man mit seiner (je nun) – Freiheit, he? Jede Revolution war die sehnsüchtige Empörung nach einer geliebteren Faust (eromasoch). Die Zahl derer, die, kaum majorenn, jede Autorität begrinsen, ist so winzig wie die der Despoten (erosade) beiweitem zu ungenügend. Es gab noch nie eine Revolution. Nur Revolteure. Rastas. Das Jahr 1789 ist das historisch mißhandeltste. Die kompakte Majorität der hungernden Mägen krächzte vor dem Versailler Schloß und einmal im Taumel der rauschenden Straßen schlug sie Köpfe herunter. Revolution, he? Die hysterische Rauferei organisch zu kurz Gekommener. Freiheit? Ein gewisser kleiner Wohlstand, ein kleiner gewisser Beruf, die Sicherheit vor Ohrfeigen und das sexuell auf Viertelkost heruntergebrachte Weibchen, an dessen Seite man als Beamten (Soldaten) Fabrik und schlechter Fresser dem Himmel entgegenreifen darf. Pompös! … Sofern nur dieser kontinuierliche Druck von oben nicht aufhört, das geruhige Wissen, nicht weiter wollen zu brauchen, ist alles, aber auch *alles* in Ordnung … Es geht nun wirklich nicht mehr an, von Tyrannei zu flöten …

14° Bessere Empörer haben ja nun freilich gewissermaßen gewaltsame Veränderungen aufgezogen. Wo aber blieb das (ha!) – Gewaltige? (O Sophokles, düsterer Eierhändler!) … Freiheit! Mein Dasein souverän? Konträr: es ist schwerst passiv, von allen Seiten gepackt. Der große Dadadatterich!!! (Aber doch sehr angenehm …) Man setze stets das *Ganze* (inkl. Atem- und Expreßzüge) in Klammern: auch in den nächsthausenden Täuschungsdingen vermag man solcherart sachte zu bestülpen, daß mit dieser eingeklammerten Größe nicht einmal fiktiv zu krebsen ist. Einen Maßstab, ihr Gemessenen! Ihr Schaluppen von der Willensfreiheit!! Ihr zerebralen Hopser!!! … Zwischen Zangen (Klatsch) Geburt und exitus hopst man mit dem, womit man hergedat wurde, teils keß, teils trüb auf und nieder; man hopst (ja, ja) – geistige Erziehung, sexuelle Aufklärung (wie wärs mit der der Erwachsenen, etwa?) und ähnliche grandiose Albernheiten; und man hopst auch (huch nein!) – Freiheit, Willensfreiheit … Klammerfatzken!!!

15° Diese Hallunken, als da sind geschlossene Persönlichkeiten, schwer arbeitende Arrivisten etc. stoßen, selbst wenn sie es zu stupend-stupider Einseitigkeit bringen, bestenfalls ein Löchelchen (meistgefragter Schüfftsteller) in irgendeine Reihe (Gummiball), die sich jedoch rasch wieder auffüllt, weil die anderen, die luftici, die so vielseitig sind und fix, daß sie windrosenhaft stupsen (»Blasen Sie Bukarest senkrecht an!«), weitaus in der Überzahl sind. Sehr erfreulicherweise. Anziehende oder abstoßende Köpfe? Die Nasen, die sie tragen, stoßen ab oder ziehen an. Mithin gibt es schwerlich idiotischere Optimisten als Ri-Ra-Revolutionäre (jede Naht ein dicker Dreher!). Golgatha war ein Kinderspiel, verglichen mit jener Pleite, welche da jüngst Mitteleuropa das Antlitz deformierte … Erfahrung? Die lange Nase, mit der man stets abzieht, so man nicht spontan darauf ausging, zum Vergnügen sich selber eine zu drehen. Siehe immerhin, schlimm be-dachter Jüngling, jenes leise Grinsen, das Personen (sogar Gustl Pufke; und naturgemäß Leonhard Frank), die Erfolg hatten (stattgehabte Nasführung), in ihrer näheren Umgebung zu sichten in der Lage sind.

16° Nur hereinspaziert, meine Herrschaften! Nur hereinspaziert! Was Sie noch nie gesehen haben, werden Sie zwar auch hier nicht sehen, aber eine Menagerie, die sich gewaschen hat. Sie *hat* sich gewaschen! Hallo: … Einer, der die lächerlich-positive Geschäftigkeit der Trübsten als Anregung benützt, steht auf und propheteit ein Gott-System, indem er das jederzeit suggestiv anzuseilende Gehirn in der Schlinge einer gänzlich unbeweisbaren Grund-Behauptung (Axiom, Idee, a priori-Satz etc. pp. Unfug) einfängt, um die verzweifelte Qual der eigenen Langeweile verstummen zu machen. Es kitzelt, macht überhaupt Vergnügen und ist derart beschämend für das Publikum, daß man sich ach so sehr vorkommt … Ein anderer schöpft ein dickes Buch über die letzten (bum!) – Fragen und serviert mit unwiedergebbarer Stirn (man faßt sich an die Hüften) – Lösungen, tja … Ein anderer ärgert sich darüber, wird (ob der Unlösbarkeit weniger als der blamablen Situation) rabiat und Propagandeur der fuchswilden Tat: immerhin ergötzlicher Typ des Denkfiaskos; er verwendet das Sinnlos-Reale sinnlos-real (lieber Ravachol!) … Wieder einer dichtet direkt oder musiziert etc. pp. Unfug und will die Sudate seiner peinlichsten Zustände als Vor- oder gar *Er*lösungen bestaunt wissen. Hinweg …! Einer endlich eisenbahnkutschiert über den Kontinent, ist je nach Bedarf Graf oder Einbrecher, Schieber oder Diplomat, Hazardeur oder Heiratsschwindler, Kuppler oder Regierungsrat, da allein diese vielseitige Tätigkeit sein ganz enormes Zerstreuungsbedürfnis befriedigt (Manolescu, Charles de Hoffmann, je vos salue!). Ist er *sehr* begabt, wird er Staatsmann und sperrt den Dieb ein und köpft den Mörder, da es nicht durchführbar ist, sporadisch zu gestatten, worauf en masse der ganze Schwindel angelegt ist. Einmal aber im Besitz der Macht, erhebt er sie flugs zum Axiom und glaubt nach etlichen Minuten selbst daran, da es so überaus abwechslungsreich ist, unter dem Vorwand, die auf der Flucht vor der Langeweile konsumierten Gewalttaten zu bestrafen, sie zu organisieren. Er stellt ehemalige Kollegen, welchen er jetzt nachstellen läßt, wenn er sie ohne Anstellung schieben sieht, auf Gesandtschaftsposten; zapft den (Mut!) – Künstler in Fibeln ab, in die er zwar hineingehört, allwo aber das Zart-Verblödete jeder guten (juchhu!) – Dichtung (die schlechten sind besser) nicht so zur Geltung kommt, wenngleich die ganze Geschichte nun doch noch einen Zweck erhält; und präpariert die Köpfe vollends zum langweilefortheuchelnden Positivisme, indem er der – Kkkkirche auf die Schulter klopft, wenn sie Jesus, der als Erz-Jesuit sonst zu verheerend würde, zum Katechismus (Ruderverein) umbiegt … Und siehe: Gestank kommt in die Welt und wird immer dicker. Selbstverständliches (das hold Unselbstverständliche) hört auf, es zu sein. Unselbstverständliches (das angekurbelt Unselbstverständliche) wird Pflicht. (Diese: die Summe der Frechheiten, die jener Spitzbube sich herauszunehmen die – trucs hat!) Aber das nicht zu bannende Gespenst der Langeweile steilt weiß hinter allem und fängt sich endlich mit einem kurzen Griff die ganze Bande: der Staatsmann klingelt, der Vorhang geht auf …

17° Krieg! C'est la guerre! Nur hereinspaziert, meine Herrschaften! Nur hereinspaziert! ... Die Leute rennen durcheinander, verwirrt, erschreckt, entsetzt. Wo ist ein Halt? Ein Punkt? Ein Zweck? Ein Sinn? ... Sie wissen eben nicht, die lieben Leute, wozu sie eigentlich da sind, was war und werden soll und selbst die unterstellte Überlegung, daß sie dem Privattreiben einzelner höchster Gauner dienen, vermöchte daran nichts zu ändern; auch nicht das Wissen darum, daß die Regisseure ihres Schlachtfeldtodes dieses Schauspiel lediglich inszenieren, weil auch sie sich langweilen. Die Mehrzahl wird nicht deshalb Schießer, weil sie die Aufmachung nicht durchschaut, sondern weil sie sie als (hoho!) – Sensation benützt ... Zudem ist das Arrangement gut. Die Journale schreien hurrah und telephonieren mit den Ministerien wegen der Motivierungs-Phraseologie. Musik wankt herauf und ersäuft jede Änderung. Großartige Reden werden auskalkuliert, historisch wertvoll gefeilt und in die bereits besoffene Menge geträufelt, Hochämter inseriert und der liebe Gott wird persönlich bemüht, das Schlachten zu protegieren. Und alsbald, nach dieser vorzüglich angelegten Reklame, platzen die ersten Granaten. Der Bursche in seiner Loge hat sein Spektakel, die Bevölkerung einen blutigen Zeitvertreib und der stramme Tod, der einzig wirklich Erfolgreiche, knickst vor der Langeweile, die nach dem ersten Akt Zuschauer und Akteure unweigerlich wieder befällt ... Halt: sie sind jetzt dabei, (o, o, o) – Ri-Ra-Republikaner zu werden, um für Industrie- und andere Rastas zu schuften. Wenn sie aber all das auch durchschauten und endlich die völlige persönliche Verfügung über sich erhielten, stünden sie letzthin vor der Wahl zwischen der erschrecklichsten Langeweile oder ... (Ich konzipiere die gelbe Garde der letzten Wut ...)


18° Die so beliebte Unterscheidung zwischen Kultur und Zivilisation bricht in dieser netten Perspektive an der Größe des Bedürfnisses, sich zu betäuben (zu trillern) ... O über die sogenannten Aufregungen des Denkens! Nichts weiter als derart maßlos gesteigerte Exzesse der Langeweile, daß manch einer sich einzubilden imstande war, er langweile sich nicht. In Wirklichkeit aber langweilt man sich in diesen Stunden am krampfhaftesten. Ich halte es für sehr wahrscheinlich, daß alle (on m'excuse) – Genies der Weltgeschichte sich das eingestanden, vorsichtigerweise aber verschwiegen haben. Keiner noch hat auf diese allerübelste Mentalreservation zu verzichten vermocht. Der Grund ist freilich ebenso plausibel wie jämmerlich: kein Kutscher wird den noch bewundern, der die Größe seiner Gedanken verneint, indem er zugibt, daß sie Krampfzustände sind. Hätte nicht aber diese trottelhafte Eitelkeitsbewichsung jene Hosenträger auf die Dauer einmal so unerträglich langweilen müssen, daß ...? Vermutlich war ihnen jahrelanges angestrengtes Japsen irgendeiner Madame gegenüber mehr vonnöten als vor sich selbst ein rechtschaffener Exzeß nach unten, (von wo es, glaubt es mir, straffer zusammengeht als anderswie) ... Welch primitive Hochstapelei! Alle starben sie mit der reservatio ihrer Größe (pfui Teufel!) auf den letztwortig arrangierten Lippen. Auch Voltaire und Montaigne. Pfui Teufel! ... (Man muß weder Kant gelesen haben noch Nietzsche: es genügt, sich an einem Satz das Kotzen geholt zu haben ...)

19° Nein, es ist *nicht* wahrscheinlich. Diese Jammerwesten haben es sich *nicht* eingestanden. Hat man *wirklich*, auch nur *einmal*, diese fürchterliche Öde um einen (man halte mich!) – großen Gedanken erlebt, diese grenzenlose Langeweile, die von ihm ausgeht, dann *kann* man nicht anders: man löst seinen Krampf und – wütet um sich, gegen sich ...

20° lob ich mir den Asiaten. Er lebt für nichts und wieder nichts; allenfalls für sein dolce f. n., das nur der einfache Ausdruck für die erfreuliche Absicht ist, sich nicht zu bemerken. Ein erhabener Faulenzer! (Der Europäer lebt manchmal für ein Tuskulum, in dem es dann wieder weidlich bunt zugeht, also sehr langweilig.) Deshalb hat der Asiate auch keine Ki-Ka-Kunst und ist kein soignierter Räuber G.m.b.H., der in Geschäftsbriefen die Klassiker zitiert (der Glaubensdränger). Ich habe einmal in einem kleinen Café in Genf einen Inder gesehen, der einen ganzen Nachmittag lang, bewegungslos geradeaus glotzend, dasaß. Es war, als ob er mit offenen Augen schliefe (gut, gut) ... Wie ekelerregend wird von hier aus die knüllige Ambition der Geistportiers, gute Europäer zu sein. Globe-Trottel! Glaube-Trottel!!

21° Bitte nur kein orientiertes Wimpernklimpern! Kein begeistertes Lippenbeißen! Jeder Enthusiasmus ist prekär: das peinliche Eingeständnis, daß man es nicht besser machen kann und *auch* nichts weiß. Deshalb sollen für schärfere Ohren zusammenhängende Begründungen (auch die unzusammenhängenden, die ja doch zusammenhängen) keine aufmunternde Wirkung ausüben … Je nun, von den vielen Wegen, die zu nichts führen, sind immerhin die am angenehmsten, an denen Einfälle brechreizvoller Art so lose lungern, daß sie besonders neugierig machen. Man torkelt ihnen zu, ändert ihnen zuliebe seinen ohnehin gleichgültigen Gedankentroll und findet, wenn auch keine metaphysischen Knallerbsen, so doch – schöne Oberschenkel … Dreck, steifen Dreck in eure Nasen, ihr Klammerfatzken! … (Begreiflicherweise hoffe ich, daß diese Denkquasten, die auf den miserabelsten Unterleibern logieren, es hören werden. Ohne Publikum macht der bestgebaute Fluch nicht das geringste Vergnügen …)

22° Oberschenkel sind kapital. Kriege allerschwerste Durchfälle. Die Freiheit ist ein Lunapark. Der Friede *die* Katastrophe.

# III

23° Typischer Zug alles bourgeoisen Gesindels: der Gefahr, die seinem Selbstbewußtsein durch andere droht, die Größe zu nehmen, indem es verdächtigt. Minimalform: wer stolz, hochmütig, frech sei, der sei … (sc.: offen selbstbewußt!); Maximalform: wer bescheiden sei, schüchtern, demütig, sei … (sc.: versteckt selbstbewußt!) … Süße, süße Mar! … In beiden Fällen: sie sind immer gegen das Selbstbewußtsein, da sie nur so sich beibringen können, die Nichtberechtigung dieser Eigenschaft in sich als Vorzug zu buchen. Der Ochse verdächtigt zu diesem Behufe. Der Ochse! Wüßte er wirklich niedlich zu verdächtigen: müßten ihm nicht die Hoden wieder wachsen? (Sie müßten!) … Naturellement: es gibt gar kein Selbstbewußtsein. Das echte: keines zu haben. Die Tragödie par excellence (o la la): – die Groteske … O vermöchte ich nur einmal drei leichte Viertelstunden lang die Dinge wie ein Sachse anzuspringen! Ich wollte zum Dank (nun, nun) – Psychologe werden und mit den Geyern aasen … Kurz: man braucht endgültig keine Glasblicke mehr in die Historie zurückzubefördern. In die He-Ho-Hu-Ha- (aha) Hysterie aber seien zum Abrutsch etwaiger sachlich noch vindizierter Fähigkeiten etliche Speibische vorgehirzt (der Schluck um die Axe) …

24° Süße, süße Mar! Du rhapsodiertest einst (Robe von schwarzem Barège) zwischen Evening Glory Fizz, mir und vier Uhr nachm. (schoooon) also: »Pah bereits allerlei geruckst, pah ist man höflich, läßt den Geld- oder sonstwie den boy gelten, schtrupps wird der Vogel arrogant, hat sogar recht, wenn er jeden, der vor ihm Respekt begeht, für saudumm hält, pah ist man hingegen, hingegen, hingegen nun – zugeknöpft, loblos (nett, pas?) oder auch nur nachsichtig, so dasselbe Resultat in ultramarin, diesmal aber, weil der boy *mich* für arrogant hält, dieweil mir doch, du weißt es ja, du Schuft, wahrhaftig nur der Fizz wichtig ist und manchmal deine unglaubliche Schulterhaltung usw. na ja, pah ich habe jedoch einen direkt engelhaften Spitzki ausgeknofelt, reüssiert orienthaft und ist überhaupt das Beste, was gegenwärtig auf diesem Gebiete, ich sage nämlich jedem genau dasselbe, was ich *soeben* dir sagte, und das von jetzt eben sage ich *auch* jedem und *das* auch und *das auch*, das auch, das auch, das auch, Blödsinn ... und jeder fast, aber immer wenigstens erschüttert, wird benützbar und banknotennettest, bitte ...« Süße, süße Mar! Elle a un savon à la place du coeur ... die apokalyptische Hure ... je me tais ...

25° kann man so ausdruckslos vor sich hinglotzen, daß es siegesgewiß wirkt. O, es ist schwer. Zur Skala: auf Mißtrauen springt Haß, auf Haß Mißtrauen, bis man es nicht länger aushält und sich einredet, einander zu lieben. Letzter psychischer Bauchaufschwung der (gewiß, gewiß) – Ohnmacht. Glotzt man aber ... Man müßte konstant mit einer Verbeugung im Blick (oder in der Stimme) arbeiten. Supponiert, daß es verkehrstechnisch ausführbar wäre, zöge es sicherlich am Ende eine Verbalinjurie nach sich (oder schädliche innere Sekretionen). O, es ist schwer ... (Theoretisch ist der Globale längst verboten; daß er praktisch noch grast, ist ebenso unerklärlich wie jenes Verbot.)

26° Als ich eines Tages auf dem Kottbuser Friedhof wahrnahm, daß Trauer nur das schmerzhaft-intensive Bestreben ist, sich zu verbergen, daß sie nicht vorhanden ist, beschloß ich:

1.  nurmehr Postkarten zu schreiben,
2.  für alle mir applizierten Leistungen Honorare einzuwatschen,
3.  mich tunlichst oft (wie es so schön im Liede heißt) – zu erniedrigen,
4.  außerdem stets, frischester Wäsche angetan, zu brillieren und
5.  keine einzige Frage (da jede unweigerlich albern) und keine einzige Antwort (da jede schlechtweg dement) jemals wieder zu effektuieren.

Konsekutiv hätte ich beinahe geheiratet. Im letzten Augenblick aber gelang es mir, eine Postkarte zu vergessen. Sodaß Punkt 1 nunmehr lautet:

1. nur Postkarten geschrieben zu haben nicht einmal mehr behaupten.

Dies das Geheimnis meiner so oft schon bestaunten Sicherheit im Umgang mit Kellnern, Witwen und Kommerzienräten.

27° Haben Sie schon einmal eine Wasserleiche gesehen? Noch nicht? Dann hüten Sie sich, schüchtern zu sein. Ihr Vis-à-Wüterich, der sich bekanntlich ebenfalls nicht auskennt, hielte sich augenblicks für durchaus maßgebend, ... wenn Sie noch keine Wasserleiche gesehen haben. Tja, Schüchternheit ist (wie jeder aufrichtige Zustand) leider unschulterbar, unverkeschbar. Der Kerl, der sich bei ihrem fortgesetzten Anblick schließlich bereits so heftig mit seinen Fingernägeln beschäftigt, daß man ihm die Maniküre ernstlich nicht mehr zu glauben beginnt, hält diesen Gipfel von (och!) – Selbstgenuß nicht mehr aus und bekommt plötzlich einen Anfall: ... aus der friedlichsten Kaffeehaus- oder Stubenaura faxt eine aberwitzige Frechheit, eine dolle Geste, ein fescher Tonfall. Wenn nun Sie nicht mit einem ähnlich gearbeiteten Anfall nachzufaxen den Schnellblick aufbrachten, dreht sich die ganze Chose: nun halten *Sie* sich für durchaus maßgebend, *weil* Sie noch keine Wasserleiche gesehen haben ... Bei einiger Gestuftheit der beiden Hirnparteien ist ein langes, sehr idiotisches Jeuchen zu prognostizieren ... Je nun: lernen Sie das hohe Idiom beherrschen! ...

28° Die letzte Enttäuschung? Wenn die Illusion, illusionsfrei zu sein, als solche sich herausstellt. (Schwülstes Eitelkeitsmanöver: sich dümmer und schlechter stellen, als man sein möchte, um der Eitelkeit zu fröhnen, nicht eitel zu sein. Mißlingt gräßlich.) ... Der Gipfel der Naivetät? Wenn jemand mit einem Schlag die (ogottogotto) – Wahrheit erfahren will. (Schließlich ist aber eine Ohrfeige doch nur ein verzweifelter Annäherungsversuch. Auch wirken unechte Tränen oft echter als – unechte.) ... Zwei Scherzfragen? Nicht doch. Zwei Bracelets.

29° Eine vorzügliche Zigarette durchaus erforderlich ... Sämtliche Symptome des schlechten Gewissens (bim!), der Schuld (bam!), wie

tiefes Erröten, Erbleichen, Stottern, unsteter Blick, Zwang zum Spre-
chen von dem, was verrät, etc. pp. Quatsch treten, wenn die Sensibi-
lität (Mangel an Beherrschung des hohen Idioms) einen sehr großen
Grad erreicht, lediglich auf Grund dieser Sensibilität ein, welche sie
zu den augenblicks erkannten Möglichkeiten so schnell antizipiert,
daß sie sich ihrer faktisch nicht mehr zu erwehren vermag (oder dies
gar nicht mehr mag: *der* Zustand ...) ... Dieses längere Satzgebilde
dem ohnedies schon überstattlichen Bankrutt der Psychologie so
leichthin noch nachgespien! (»Nachbarin, Euer Knie!«)

30° Fast alle, die schweigend sehr gefallen, erregen Ekel, wenn sie
sprechen. Nichts habe ich darum ehemals in (sonderlich: in guter)
Gesellschaft häufiger getan, als einen Päan auf alles Gelichter gepras-
selt. (Größeren Teils, um aufzufallen: der obige Ekel ersoff sehr rasch
in wohligen Eitelkeitswogen.) ... Außerdem: der Umgang mit Staats-
angehörigen ist ja doch nur eine sinnlose Anstrengung. Jede Annähe-
rung ist an sich bereits blamabel (die energeile exkl.); jede Geselligkeit
dto. Deren Extrakt: sich die (pst! pst!) – Bildung abhören und die
Vorbehalte ablausen. O, was wäre eine Grand Hotel-Hall ohne Vor-
behalte! Entsetzlich! Was ein Vorbehalt ohne Hall! Eine fixe Idee.
Eine (amüsantenfalls) vergeblich fixe ... (fix! fix!) ... Wer die Gaya
Afrania, die dem Prätor auf dem Forum den Hintern zeigte, *jetzt*
noch nicht begreift, der ... ach was: der Schluck um die Axe!

31° Its a long way to Tipperary. Sicherlich. Denn genau bedacht:
Psychologie ist ein Handicap. Jede Regel hat ihre Ausnahme, zweifellos.
Also regelmäßig. Deshalb höchste Vorsicht: jede Regel ist als Ausnah-
me zu setzen, denn die Regel ist die Ausnahme. (Wichtige Regel!) ...
Es gibt nur relative Feststellungen von relativen Zusammenhängen.
Und auch die gibt es nicht. Psychiater und Untersuchungsrichter sind
au fond unterbliebene Billetteure (Wanderzirkus), da jedes (o la la!)
– psychologische Urteil eine von dem Beurteilten bestellte Arbeit ist,
die nur deshalb so selten gefällt, weil infolge der Unkenntnis des Be-
urteilten von sich selbst der Auftrag ungenau aufgegeben wurde. Die
besten Urteile werden erwiesenermaßen am schlechtesten aufgegeben,

die schlechten am besten. (Die kernlosen Früchtchen sind die süßesten.
O die lieben erwerblosen Visagen!) Erwiesenermaßen: die geradezu
rasante Verschiedenartigkeit der Urteile über (ha!) – schlechte Men-
schen. (Die über gute sind immer richtig.) Unterbeweis: die Urteile
interessieren die Jungens erst, wenn sie sie hören; die Edelknaben je-
doch bereits, wenn noch gar nichts (kusch!) – aufgegeben wurde …
Jeder Rat ist ja nun eine schlankweg letale Angelegenheit; aber so
nebenhin: schlechte Urteile über sich zu verabfolgen, die immerhin
aufrichtigste Art, den guten, die auch falsch sind, aus dem Weg zu
gehen. Tant de bruit pour une – occasion perdue? … Manchmal hilft
jedoch gar nichts: weder das Kontra- noch das Mitgrinsen. Sie trauen
einem doch. Ach, wo ist das Publikum für *ganz* schwere Jungens? Ich
bin so eng geworden und sprottig …

32° Mö- Möglichkeiten des Umgangs. Mann und Weib (Dame): be-
stenfalls coitus; minderenfalls Beischlafähnliches; schlimmstenfalls
erotisches Hokuspokus (Konversatorisches!), dem das Adjektiv »pausal«
(gebrechens; oder: siehe St. G. B.) angeschmissen werden muß. Mann
(Herr) und Mann: bestenfalls schätzt man den gegenüber befindlichen
Lippenschwung und schweigt (oder hochidiomt) matt an den Wangen
vorbei; minderenfalls setzt es eine stahldünne Rauferei, nach welchem
zweifelhaften Zeitvertreib jeder geübt die Achseln senkt und Sieg oder
Niederlage und sich und den anderen und alles ablehnt und kurz und
gut (nicht gut!); schlimmstenfalls produziert man Bügelfalten auf der
Stirn und überhaupt Wichtiges und Formvollendetes, kurz, man
tratscht (lieber Sotades!) … Der Schluck um die Axe! … In der fran-
zösischen Provinz Haute Garonne, an der spanischen Grenze, ist die
Fabrikation von Mißgeburten noch heute die einheimische Industrie
(das Stück Krüppel zu 50 bis 60 Frs.). Dieser Erwerbszweig würde
straks verschwinden, wenn infolge der soeben erwähnten schlimmsten
Fälle, welche leider durchweg dominieren, das Mitleid nicht eingeführt
worden wäre … Aber die echten Krüppel? Nun, man interessiere sich,
wenn man schon durchaus, … wieder für Hegel, den Pazifismus und
die eventuelle Vernichtung mißlungener Babys … *Ich* ziehe Damen
vor!!!

33° Es gibt Tage, wo jeder ein dummes Gesicht macht. Und Nächte, wo das dümmste noch zu bedeutend aussieht. Und es gibt Wochen und Monate und Jahre und … Durchblasenste Vokabeln, lockerste Pausen, die herausgestreckte Zunge, die lange Nase u. a. sind darum sehr erleichternde Verkehrsgriffe; um so mehr, als ja doch jede Situation in jeder Hinsicht unhaltbar ist. Man lasse diese lieben Gesten zart ins Irre hinüberspielen ( *dies* das hohe Idiom!) und man wird erstaunt sein, wie vortrefflich sich alles abwickelt … Und da man, lediglich leidenschaftlich (sozusagen) drauflosredend, *alle* Beziehungen zwischen Personen sprengen kann (sie sind *immer* Konstruktionen!), bietet es zudem ein gesundes Palliativ. Apropos: untereinander lebt man bekanntlich (sofern man nicht …) stets in einem meist selbst und oft sehr fein gesponnenen Netz (konjugale Paranoia; Juan Suvarin und seine Narva); allein in einem noch weitaus feineren (sofern man nicht …) … Man beginne doch endlich, gegen sich selber aufzutreten! Man beginne!! Man …!!! (Ich spucke schon längst in stillen Stunden mir selbst aufs Haupt … Ach, ich pfeife auf … – … Ja, worauf …?)

34° Damen sind besinnungslos vorzuziehen. Jede Regel ist eine Ausnahme. Psychologie ein Handicap. Der Schluck um die Axe: der Pfiff aufs Ganze.

# IV

35° Cartesius und Swift liebten, es ist notorisch, das Schielen. Chapeau bas! (Immerhin ...)

36° Die größte Sicherheit im Umgang projiziert, wer von der restlosen Unsicherheit aller sich überzeugt und darum die Nase voll hat. Die weiteste Bewußtheit (Patent Oil Urinoir) ist lediglich die letzte Unsicherheit, die der vorletzten aber als Sicherheit imponiert. Die letzte Unsicherheit, als solche durchaus erschmeckt: *die* Sicherheit (der scharfe Wupptich). Daher ist alles Verstellung, da alles unsicher ist (rastaquouèresk). Hinzu: wem war es noch nicht, wenn er weinte, als löge er, wenn er lächelte, als verbärge er sich, und wenn er seine Visage vergaß, als verriete er sich, he? Alle Mimik (das kleine Gelotter): – Verstellung ... Die Kameele glauben an ihre Maske. Die, welche sie bemerken, entdecken, daß sie sich bereits verstellen, wenn sie bloß den Mund aufmachen. Wohlgemerkt: am besten verstellt man sich, wenn man den Mund hält *und* die Mimik (das große Gelotter) ... Natürlichkeit (tschuk tschuk prä prä) fällt leider in die holden Gefilde des Unbewußten: trotzdem ist sie ein Kriterium für die Oberlehrer geworden, die als Vorzug preisen, was allerdings natürlich ist; anders aber; ein Söhnchen ist heute natürlich, wenn es nicht merkt, daß sein Hersteller ein Kameel ist ... Klapprand: die sogenannten Sicheren werden unweigerlich unsicher, wenn der Schein gegen sie ist; wenn nur jenes beschienen ist, was für den anderen spricht, das aber unbeschienen bleibt, was gegen den andern spräche und oft auch gegen das, was jetzt für den anderen spricht (shut up!). Da es aber weder Schein noch Sicherheit gibt, bleibt das einzig probate Mittel, nicht unsicher zu werden: gar nicht erst sicher sein zu wollen ... Den Daumen auf der Schulter, fixiere man die Stelle der linken Brustwarze (etwa) seines Gegenüber, das Nasenbein oder die Achselgegend und gebe auch sonst nicht nach. Unter keinen Umständen. Das genügt.

37° Ernst kann derart heftig hingelegt werden, daß das Opfer (Nichtwieher) außerstande ist, wahrzunehmen, wie der vis-à-vis befindliche Gauch sich längst innerlich zärtlich die Hände reibt. Das Bedürfnis, aus seinem gegenwärtigen Zustand (Platzangst Silbenkoller) heraus- und in seinen richtigen (Piephahn gewissermaßen) hineinzuspringen, hat es in diesem Moment am feuchtesten. Dies beweist sehr hübsch, wie (tja) – hintendurch man bei sich selber gelangen kann, wenn man noch keine ergebnisvollen inneren Schwerst-Razzias abgehalten hat. Denn anfangs überschätzt sich jeder Flaneur und ein Schärferer (Wupptich) hält sich stets so lange für *das* Genie, als er noch nicht beschnalzt hat, daß es nur das Talent ist, berühmt zu werden. Hierauf aber débauchiert er rasch (raté), beschränkt seine Fixigkeit, aus An-Deutungen fruktifizierbaren Sums zu machen (Talent), auf seinen Privatbetrieb (Bryant 1098), wird, wenn er Pech hat, trotzdem berühmt und füllt seine Mußestunden damit aus, vor einem Handspiegelchen zu – wiehern … (Un oeil dit merde à l'autre.)


38° Halt, wie ist das mit der Dämonie? … Gemach. Der wilde Mann steigt nämlich vom Mißtrauen gegen sich selber zur konstanten Belauerung seiner Sätze auf und endlich gewahrt er, daß er sich zu allem entschließen kann. Er muß sich nur dazu entschließen. Und schon ist der Bursche dämonisch. Was das wilde Weib betrifft, so – liegt es beiweitem gehrer: vergnügt-verwundert im Anfang über die genußreichen Hergaben des Körpers, baldhin entzückt von dessen enormen (raptisch) – Hochspannungen (biegt es sich gertenhaft zwischen Scheitel und Zehen … es jauchzt!) und letztlich dieserhalb wild entschlossen, *alles* zu versuchen … Und schon ist die Kuh dämonisch. (Anmerkung für Zurückgebliebene: jeder wirkt in allem, was er tut, unvermeidlich aber ein wenig kokett; deshalb allein setzt nicht jeder Willensakt sofort in blechernstes Erstaunen. Aber an Dämonie zu glauben ist deshalb noch kein Anlaß vorhanden.)


39° bin ich, seit ich weiß, daß es Graphologen gibt, insoferne zuversichtlicher geworden, als ich wieder ein klein wenig Vertrauen zu Brückengeländern gefaßt habe … Effekt eines Briefes auf das kleine

Gelotter: kindisch, lächerlich; auf das große: idiotisch, skurril. Die (sehr geehrte) Handschrift ist das unzutreffendste Zeichen, das ein Kauz von sich geben kann. (Und da es überhaupt keine zutreffenden gibt, so … na!) … Mit den primitiven Schlüssen (Barbara), die sie zuläßt, ist nichts geholt (alles *nur* Barbaraien!): Kinderhandschriften sind die gefährlichsten. Und was die gestuften Schlüsse betrifft (wienerwerkstätte-phantasmagorr): man fällt auf dem Umweg über die eigene schmeichelhafte Suggestion hinein. Hinein. Jede (ä!) – Handschrift ist für den, dem sie etwas sagt, eine gelungene Mystifikation … Am Ende fällt man stets hinein. Stets. Hinein.

40° Und immer noch gibt es (krrr!) – Hälse, denen die nicht gerade schlechte Meinung vom Nebenhals gerade gut genug ist. Stümper! Ich habe laut stets die schlechteste, tatsächlich aber gar keine. Deshalb blüht mir alles zum Hals heraus … Jeder, jeder, jeder ist von stürmischer Leere! Warum durch eine Meinung etwas hineinstopfen, ihr Hoxschwipplinge von der Füllung? Sie gröhlen, sie hätten Fülle, wenn sie sich gefüllt haben. Füllung, bloß Füllung! Freilich: Chamäleons (Jobberkiele) sind die vorderste Hintertreppe; aber: so seid doch leer, so leer, wie ihr seid! Es ist überdies weitaus angenehmer: alles wird leichter, lockerer, voran der Herr selber … Wer weiß es noch nicht: je leichter, je lockerer einer ist, desto aufrichtiger ist er; da er sich noch nichts Fixes vorgemacht hat, ist es leicht, ihn aufzufüllen. Aber, ihr Hallunken, es kommt die Minute (zumindest), wo seine Hüften sich biegen. Dieses tibetanischen Gelächters Berstkraft: Vormacher, Unter-sich-macher, Leimsieder, die ihr euch auskennt, eure Haut platzt. Und siehe, sie war aufgeblasen … Deshalb blüht mir längst alles zum Hals heraus!

41° »Ich durchschaue Sie!« – Von diesem Augenblick an war mein Mißtrauen geschwunden: der Knabe langweilte mich … Ach, welch eine Wohltat ist für manche, die es bereits verlernt haben, schlichte Konversationen wieder für die allein bedrohlichen zu halten, ein schlecht ausgejäteter Bowist! (Überdies, wenn er seine Lackschuhe liebkost.) Ist es ein Trost, zu wissen, daß es immerhin noch unnütze

Mitglieder der menschlichen Gesellschaft gibt? Nein. Trotz allem. Denn auch sie blicken gelegentlich mit Genuß feucht. Auch sie leben zwischen butterweicher Erotik und Hirnquark so einher, daß die ausgewaschenste Dämonin streckenweise doch an ihrer Haltung irre wird. (Dieses *das* Verbrechen!) O, und ein Malheur ist so aufmunternd! Drum, man schätze den Bowist und liebkose und beirre jede Haltung so lange, bis die hergestellte, die von dem holden Umstand lebt, keine zu sein, nicht mehr zu beirren ist. Dessenungeachtet bewahre man den Satz Napoleons, den er äußerte, als man ihm seine ägyptische Proklamation wieder zu lesen gab (»Das ist ein bißchen marktschreierisch!« – eigene Worte des vortrefflichen Mannes), nicht vielleicht als geistigen Unterstand auf, da man erst, wenn es gelungen sein wird, mit seiner eigenen Prostata ins Gespräch zu kommen, irgendeiner deutlicheren Orientierung zuteil werden dürfte. Bis dahin bleibt die einzig wahrhaft würdige Lage des Menschen, in effigie, aber konstant auf seinem komischesten Körperteil zu liegen und dadurch gegenüber dem darüber befindlichen Sternhimmel weitaus erschütternder zu wirken.

42° ist eine Anspielung (definitorisch beäugt) eine heimtückisch herangeschobene Vermutung, die niederträchtig (aber doch unverwendbar oft) wehrlos macht; es sei denn … Geht man auf sie nicht ein, gilt man als dumm, oder bestätigt sie eben durch das Ignorieren; geht man auf sie ein, gilt man gleichfalls als dumm, weil man sie durch das Daraufeingehen bestätigte, oder man erhält sie ebendeshalb lächelnd zurück, da ja doch gar keine Anspielung erfolgt, man vielmehr überfeinhörig sei … Es sei denn, man beschuldigt den Anspieler augenblicklich eines sträflichen Verhältnisses mit einem angewärmten Rindslendenstück. Fabelhafter Erfolg.

43° A-a-a-aber die Liebe? Der Sentimentale (Mousta-Schale) macht aus einer Gans einen Schwan. (Das ist die Liebe.) Und dies, dieweil er doch nur *sich* am deutlichsten empfindet. Der andere (der Kontemplatte) bekommt (hastenichjesehn) – Gedanken und schreibt sie seiner Ida zu … Erotik? Sexualersatz. Der Instinkt ist heiß, das Knie ist kalt.

Das Hirn erbarmt sich und macht den müden Nerven Vorstellungen. Bestes Theater … Die Geistportiers, welche derzeit in Mitteleuropa mit der Stiltrompete grassieren, geben tonschwer von sich, man habe spätestens mit Dreißig mit seiner Erotik fertig zu sein. Was restiert? Der Jeist, he? Hallunken! Aber man besehe sich ihre Damen! … Mimikri … Auch diejenigen mit dem strahlenden Blick erreichen ihn nur dadurch, daß sie die komische Geduld aufbringen, sich unentwegt zu bemühen, ihm (hopp!) – Tiefe abzugewinnen. Zwar macht ohnehin jede Frau sich über den Gestalter (Mimikrist), der sie ehelichte, lulustig; aber auch die, welche den strahlenden Blick ins Bett bekam, läuft nicht unblamiert gelegentlich allein herum: »Es ist doch ganz gleichgültig, wie oft ein Mann ...« (Madame rötet sich!) »... das sagt auch mein Mann, ja.« Nur *er* sagt es, ma pauvre; denn keine Frau sagt, was sie denkt, sondern nur, was ihr einfällt, und das ist von ihrem Mann (wie?) … Wie leicht ist es doch, eine Frau davon zu (hm) – überzeugen, daß die Sexualität das einzig Sichere ist! Und wie schwierig, sie ihr verächtlich zu machen! Daß dies dennoch, auch heute, geschieht: die Männchen sind genötigt, sich etwas Geist anzuschaffen, damit die Zeit vergeht, (die so eigentlich zum Verzweifeln ist!) … Weniges ist wohl amüsanter als dieses Gequassel (Stiltrompete), das Madame den Leo begehrenswerter machen soll. Aber es gelingt nur so so. Es schläft sich eben doch nicht besser mit einem Denkerich.

44° Sachliches in die Rippen! *Sehr* Sachliches!!! … Die Betrachtung der riesigen alten Ritterrüstungen; daß Kerle wie Casanova und Henri IV. mit ihrer Lues sehr gut fertig wurden: eine Promenade durch europäische Städte assoziiert Ritter von der (wie bitte?) – traurigen Gestalt … Es ist gegenwärtig in jeder Hinsicht empfehlenswert, auszusterben. Man weiß heute nicht mehr, was man mit *ihr* après anfangen soll (o die öden Pausen!) Es war einmal eine Zeit, allwo es kein Après gab, meine Herren Lyriker. (Die Indianer sind noch heute spirochätenvirulent, aber gesund!) O daß die alten Instinkte geblieben, die ihnen entsprechenden Vitalitäten jedoch abgegangen sind! Jene waren ehemals perpetuierlich beschäftigt; man hatte gar keine Zeit, sich zu langweilen (zu trompeten): man atmete bis in die

Lungenspitzen, koitierte, jagte, fraß, raufte, soff, koitierte, schwamm, grunzte, koitierte, schlief und der Tag war hold zu Ende. Nunmehr vazieren die Instinkte von den vierundzwanzig Stunden vierzehn, die dem (still!) – Berufsleben dienen oder der (ffft!) – Kontemplation, welche die sonnige Aufgabe hat, dem Herrn die Instinkte so fein auszureden, daß er sich zu glauben vermag, er sei zwar ein toller Kerl, aber so gescheit, sich zu unterlassen. Affen! Entartete Affen!! Miserable Affen!!!

45° »Was tuen wohl die Engelein, so sie nicht singen?« Lieber Jakob Böhme, sie beächzen sich sicherlich, so sie nicht ... (Kein Geringerer als der Schafskopf Dante ...)

46° Nun aber möchte das Zwischendeck gerne wissen, was man mit seiner (immerhin noch vorhandenen) Gesundheit vornehmen soll. Da man sie nur bemerkt, indem man sie tunlichst verliert, wäre der Vorschlag eines Schalks sehr diskutabel: »Geben Sie sich in einem Zuge auf!« (Capisco?) Imposant! ... Nichts, da! Frigidität ist nur ein sehr kleiner Grad von (na) – béguin. Ein absolut frigider Mensch ist – tot. Glattweg tot. Schließlich aber ist man immer von sich enttäuscht und es ist, als nähme man einen Kleiderständer und stellte ihn auf denselben Platz. Mit Zwanzig hat man das Monokel auszuspucken, mit Dreißig die Zigarette hinterm Ohr zu entfernen und ein für allemal zu wissen, daß man Madame nur los wird, indem man plötzlich anfängt, sie zu – lieben (eifersüchtig zu sein, wenn schwieriger ...)

47° Letztspurig ... wird man aus Langeweile boshaft. Dann langweilt es, boshaft zu sein. Und endlich beginnt man, Schokoladebildchen zu sammeln. Idealisme noch ist sträflicher Realisme. Ein sanft gebliebener Bocher ist doch ein wenig schauriger (da Idealist) als ein wild gewordener Imaginist (da Realist). Wer mag nur die Ampulle »Seele« erfunden haben! Vielleicht der einigermaßen enttäuschende Anblick des Nackten ... Diese Enttäuschung aber: man nehme sich am Ohr, entwickle Mut und gestehe sich ein, daß man, da Gelegenheiten nicht mehr einbringen, was andere ehemals der Gefahr abjagten, – eine heimliche Bewunderung für seine eigenen Beine hat ... Ja, man geht so weit, seine tabula rasta *fast* zur Gänze vorzutäuschen, um mit dem scheinbar unscheinbaren Rest des »Fast« seinen niederschmetterndsten Schlag zu führen. Der freilich auch das eigene Fleisch trifft: ... letztes Lüstchen ... letztes Wütchen ...

48° Venusblicke sind das einzig Sichere. Dämonie ist ein Rindslendenstück. Bettgeisttrompeten sind Barbaraien. Die Seele ist kein Brückengeländer. Die Liebe eine Schwanerei.

**V**

49° Das schütterste Detail lästert stets den Gesamteindruck. Kennt man jedoch Chinatown oder Tiffany (Bijoutier), so erhebt sich bald wieder die leise Vakanz der Sinne, für die Toast mit Jam keine Lösung ist. Und da jede Erklärung viel unwichtiger ist, als man meint, wenn man auf sie verfällt, ist es vorzuziehen, nur noch in allerdünnsten Satzdämpfen sich zu ergehen. Leidenschaftlichkeit ist *kein* Argument. Und Kenner, die bereits von vornherein so laut reden, daß sämtliche Feuerversicherte sogleich derselben Auffassung sind, haben sie in sich ... Knockout. Madames Busen flog. Herr F. mit einer Matratze am Kinn (Matratzen sind schwer zu rupfen) überzeugte sich, daß ein schlechtes Gewissen sehr abwechslungsreich ist. Auch die Allerdünnsten können eben nur mit dem Ton (Tönchen) argumentieren. Man bemüht sich stets gänzlich erfolglos, ein treffendes Wort zu finden. (Perlimpimpim, sagte Herr F. mit Vorliebe) ... Man gehe sachte auf und ab, ergreife eine alte Birne und den hierbei evtl. sich bietenden Einfall und erhebe ihn zum Prinzip: le comble du grand écart ...

50° In jener verzweifelten Lethargie (halb Desperado, halb Fatalist), die zu nichts entschlossen ist, also zu allem, hockt die Spannung für ein doppelgestrichenes Falsett. Wenn man es hört, ist es, als müsse einem endgültig *alle* Geduld reißen. Ich habe es gehört, als der Jockey Rudi Etvöes jener Dame, die sein Nebeneinkommen repräsentierte, sagte: »Wenn ich gut sein will, habe ich immer das Pech, daß ich eigentlich jeden zerfetzen möchte.« – »Ich nicht.« – »Wie?« – »Je m'en fou!« ... Das Falsett. Doppelgestrichen. (Wann wird man anfangen, im Aëro-Palace, 3000 m über Nizza, zum Nachtisch sich die Achselhaare streicheln zu lassen, he?)

51° Perlimpimpim ... Jede Wohnung, die man zum ersten Male betritt, stimmt (nun) – sarkastisch; teils: ... weil man stets wahrnehmen kann, daß der Freude (Beefsteak) oder der höflichen Haltung (Frühstück), mit der man empfangen wird, Sekunden deutlichen Ärgers oder gar

Hasses vorhergingen, und weil man andererseits an jeder Person, die
ins Zimmer tritt, beobachten kann, daß auf der Schwelle schon irgend-
etwas in ihrem Gesicht gleichsam unter Zwang gerät: man hat den
Eindruck, daß alles, was sie sagen wird, Betrug wäre; daß sie sich be-
reits auf der Treppe dessen höhnisch gefreut hätte; daß aber auch die
ärgerliche oder haßerfüllte Empfindung, die man ebendeshalb hat,
ihr nicht entgangen sein kann … teils: … déganter: weshalb nicht zur
unumwundenen Haut sich bekennen? Oder: weshalb nicht vom kleinen
Beiram der Mama reden (trillern), oder von der suppigen Talion,
welche die Passoskskaja mit gestohlenen Papilloten vornahm, oder
von der Gasconnade des Hofschneiders Simeon Achselschweiß …
teils: … weil jede Wohnung eben ein Tripot mit Nachsicht der Taxe
zu sein hat. Perlimpimpim …

52° Phlogistische Crapule: kein System haben wollen, ist ein neues.
Die Wahrheit (la blague) *kann* gar nicht zum Problem werden, weil
man sie bereits sprachlich in die Prämissen nehmen muß. Jeder hat
sich immer noch zu viel geglaubt: man hat sich auf *gar nichts* einzu-
lassen. Diese Art von Bosheit (kein System) ist ja doch nur die ver-
kappte Besorgnis vor der eigenen Zwecklosigkeit; noch nicht einmal:
Sinnlosigkeit!) … Ich reite einen Exkurs letzter Flappereien: allein der
Gedanke als solcher könnte zum Problem werden; am schärfsten dort,
wo er derart in der Polmitte zwischen Wahr und Falsch steht, daß es
auf allerkleinste Nuancen ankommt. Hier aber gewahrt der Privat
mann, daß man nicht apodiktisch entscheiden kann, sondern nur (he,
he) – betasten, welchem der beiden Pole der Gedanke sich zu nähern
*scheint*. Und sofort wird diese ganze Denkerei zum Problem. (Plausi-
bilität bliebe das einzige Kriterium. Merci!) … Man *kann* sich auf gar
nichts einlassen! Wenn ich sage: »Ich leugne die Wahrheit«, so stehe
ich mit dieser Behauptung innerhalb der Pole Wahr und Falsch, da
ich behaupte, daß es Wahrheit nicht gibt: ich will also *diesen* Satz
wahr haben. Der vollkommene Widerspruch: der Inhalt des Satzes
wird durch den Satz selbst widerlegt. Jeder Satz ist demnach falsch,
weil derjenige nicht wahr sein kann, der die Möglichkeit leugnet, etwas
könne wahr sein … Hier beginnt es nett zu flimmern. Man rülpst.

Und es wird irgendwie gelb … Man irrt immer. Immer. Jeder. Immer. Jeder. Immer jeder … (Zwangshandlung? Oder: Überwut? Oder …?)

53° Oder: Rosinen. Man braucht sich lediglich vorzunehmen, von morgen an statt Bauch Kropp zu sagen, statt Zeigefinger Fec: – und alles wird heiterer. Gegenwärtig schätze ich sehr die Vokabel ›Rosinen‹. Wenn ich sie ausspreche, denke ich an eine Mischung von Hebammen, Abgeordneten und Quark … (Mémento leli: je unwahrscheinlicher ein Vorfall ist, desto wahrscheinlicher ist er. Behaupte ich, der ich ein Vorfall bin, der durch die Unwahrscheinlichkeit dieser Behauptung gleichwohl nicht wahrscheinlicher wird. Und darum vorziehe, ohne Behauptungen vorzufallen.)

54° Ein Märchen (genesis) … Ursprünglich vollkommene Einfalt. Verlust der Einfalt (wieso?) und des Sinns (Einfalt?). Hierauf Zwiespalt: Geschäftigkeit. Anfangs: unbewußt, also dumpf verzweifelt (gelangweilt). Später: bewußt, also sehr verzweifelt (enorm gelangweilt). Deshalb: neue Bedürfnisse, für die man arbeitet und arbeiten läßt. Folglich: Geschäfte: man rechtet und hadert. Weiter: neue Bedürfnisse, neue Geschäfte. Und da die Langeweile immer größer wird, beginnt man zu theologisieren und zu philosophieren und endlich, *damit* Geschäfte zu machen … Resumé: chronische Agonie. Remedium: Einfalt? O du liebe Einfalt! … Eine Genesis? Nicht doch. Solide Dummheiten!!! Nicht einmal gemäßigt durch Plausibilität. Ein Märchen (wie Poës »Heureka« oder Weiningers »Geschl. und Charak.«) … Aber man könnte gleichwohl eine amüsante Alternative zimmern (zwitschern), dergestalt:
    1. Entweder: das Bewußtsein ausschalten (Fakir, haôma).
    2. Oder: bewußter Zwiespalt (der Oberkellner).
      ad 1. Konstruktion des Un-Menschen (das Glotzauge),
      ad 2. Konstruktion des Unter-Menschen (der Wupptich).
    Beide Konstruktionen entspringen derselben Quelle: – (bitte ein beliebiges Substantiv! Etwa: – Mückensamt!!!)
    ad 1. Hinterste Sinnlosigkeit (Marke Nirwana),

ad 2. Vorderste Sinnlosigkeit (Tarifbewegung im
       Photographengewerbe.)
   Ich verzichte! ...

55° Jedenfalls ist die Moral die unzweckmäßigste Einrichtung zur
Beseitigung irgendwelchen Betriebs. Dadurch, daß man ein gutes
Geschäft (Moral) gegen ein beiweitem besseres (ohne Moral) zu halten
in der Lage ist (welch holde Transparenz!), fällt es leicht, sich zuzuge-
ben, daß man im Grunde gar keine Einstellung hat, sich ungefähr
wie – losgelassen vorkommt und unnötigerweise mit einer hintersten
Zurechtlegung sich herumgeschleppt hat ... Die Beseitigung der Moral
wäre deshalb vielleicht durch Einführung des Kettenhandels im Hei-
ratsvermittlungsverkehr herbeizuführen. Oder durch Erschwerung des
Kompottgenusses. Oder einfach durch Bäder.

56° ist der Witz die einzig erträgliche Art der Wiederholung längst
vergossener Albernheiten. Wo Ernst ist, da sammeln sich die Frösche
(Gesinneriche!). Je gekurbelt witziger einer ist (ein Poposten Rhum!!),
desto mehr hat er unter sich gelassen (einen Posten, Ruhm) ... Witz?
Sich selbst ad adsurdum führen (zu Chignol): à la Gallette ... (Charlot
Chaplin: Gerh. Hauptmann – ein Waisenknabe.) ... Humor aber? Ich
sage nichts als: Kempinski (oder: die angelehnte Hintertür für blaulap-
pige Sortiment-Sentiments) ... O, es existiert ein derart torkeltoller
Witz über sich selber, daß man sich zu seinem privatesten Vergnügen
einige Monate von einem weiblichen Torso (nun ja) plündern läßt;
und daß man in Äußerungen sich hineinspreizt, die andern das Blut
in den Waden stocken machen (sozusagen). Mir machen sie freilich
bloß alles sauer. Sauerst. (Die Milch der abgestandenen Denkungsart
unter dem Bli-Blitz prengsten Blutes!) ... Aber auch das ist bloß an-
genehm, durchaus nicht verständlich ...

57° Man ist im Grunde immer erfolglos. Erfolg? Ein mehr oder weni-
ger meisterlicher Irrtum. Nichts stimmt. (Nicht einmal das.) Je heftiger
eine Ordnung proponiert wird, desto rapider ist die Unordnung, die
sie schließlich aufführt. Würde einer *die* Idee (die letzte: den Sinn)

liefern können, müßte alles allen klar sein und alles wäre in strahlendster Ordnung. Vermutlich. So aber ... sind alle Ideen (etc. pp Unfug) geradezu ein Malheur. Eine Idee? Ein Erfolg. Folglich: ein Malheur. Das Christentum par exemple, ein raffiniertes Abwechslungsereignis, das sich als gutes Geschäft (Moral) gehalten hat, hatte den Weltkrieg, der ein schlechtes Geschäft war (mit *und* ohne Moral), auf dem Gewissen: – eine Paranoia heftigsten Wunschcharakters, hervorgetrieben aus dem Mangel an verdroschenen Oberlehrern, Inzesten, leichten Abreisegelegenheiten und ausgedehnter Selbstliebe ... (»Liebe deinen Nächsten wie ...« etc. pp Quatsch) ... He, wie steht es mit dieser Selbstliebe? So: manchmal liebt man seinen Selbsthaß (falls nicht zu mißwachsen), aber immer wieder bis zum Selbsthaß und bis zur Verzweiflung (Mascotte-Bar). Selbstliebe ist das nicht, sondern Eitelkeit, naturellement. Gäbe es Selbstliebe, so könnte man auf sie mit Recht eitel sein, wäre es aber ebendeshalb nicht, weil Selbstliebe nicht Eitelkeit ist, sondern ein tierischbegabter Zustand (Wiesenbenützung). Da man also seinen Nächsten, wenn man ihn wie sich selber liebt, lediglich der eigenen Eitelkeit dienen läßt, darf man sich nicht wundern, daß so viel geliebt wird ... Der Unterschied zwischen J. Christus und Ch. Huysmans (»Tu den andern, was du nicht willst, das sie dir tun!«): beide waren erfolgreich und hatten deshalb keinen Erfolg ... Hiebe tragen übrigens oft die größte Anhänglichkeit ein, Geschenke die größten Unannehmlichkeiten. Man wäre versucht, Vorstellungen zu machen. Trotzdem habe ich (das schmeichle ich mir sehr!) einen überaus praktikablen Ausweg ersonnen: was ich nicht ertelephonieren kann, lasse ich im Wege der Entwendung an mich bringen, und gelingt das nicht, so helfe ich mir mit einer fingierten Prügelei ... (Après moi la blénnorragie!)


58° Die (sprich leiser!) – Meisterwerke der Weltliteratur: solch *Schwindel* erregende Bücher, daß man (jung) die Augen schließt, sich weiterdrehen läßt und sich schließlich (wenn man sich nicht mehr zu erwischen vermag) einbildet, man habe einen Standpunkt bekommen und könne mit sich beginnen ... Kunst!!! Die infantilste Form von Magie. Man beschäftige sich ein paar Wochen mit den Geheimwissenschaften und wird entdecken, daß die Okkultisten gesündere Bébés sind. Sämtliche Kunstzeitschriften (Sturm-Gebimmel, Aktions-Gefuchtel, Fackel-Gefackel) sind nur *Separat*-Beilagen zu den korrespondierenden Tageszeitungen (externes Feuilleton). Das »Neue Wiener Journal«, die »B. Z. am Mittag« und der »Matin« sind als in jeder Hinsicht weitaus reeller sehr zu empfehlen … Die besten Bücher der Weltliteratur wurden in der Absicht geschrieben, das beste Buch aller Zeiten zu schreiben: die psychologisch einzig erträgliche Voraussetzung des Bücherschreibens von dazumal. Heute kann es nur die sein: die Unmöglichkeit schaffen zu wollen, daß jemals wieder ein Buch in jener Absicht geschrieben werde. Gesetzt, es gelänge: wer würde dann noch schlechte Bücher schreiben? … Das beste Buch: das unterlassene (Napoleon, Rimbaud, Lautréamont, Schukoff) … Ich würde mich freuen, zu hören, daß diese Seiten der *letzte* Mist sind, der geschrieben wurde. Ich würde mich sehr freuen.

59° Lust ist der einzige Schwindel, dem ich Dauer wünsche.

60° Selbstverständlich verkehre ich im Grunde gar nicht mit mir. Ich hoffe allerdings auch nicht mehr, mir einmal vorgestellt zu werden. O, die luden Beziehungen, so im Ganzen! (Ich ziehe das Hôtel du Roule in jeder Stadt energisch vor) … Zu sich ist man niemals auf dem richtigen Weg. Feststeht nicht einmal, daß man schlankweg geht. (Beobachtungen werden *gemacht*!) Man sollte endlich anfangen, mit den Beinen Sätze zu machen!!! … Ich vermute sehr, daß ich lediglich müllere. Wie …?

61° Lust ist alles. Meisterwerke sind keine Wiesenbenützungen. Leidenschaftlichkeit ist Talion. Witze sind Inzeste. Die Moral ist ein Kettenhandel.

# VI

62° Dieser ganze wilde Gestank ist nun doch nicht das Ergebnis menschlicher Heldentaten allein, sondern das aller: aus Sinnlosem stürzt Sinnloses. Ob nun Ostafrika mit Heldenblut erobert wird, ob Missionäre sich verprügeln lassen, ob Philosophen verhungern: dies alles ist so sinnlos wie jedes Leben, wie das meine, das sich sehr bemüht, keinen Heldentod zu bekommen, keine Missiönchen zu haben und beileibe keine Philosophie … Fixatoir; ein (den Iktus bitte auf das Grundwort!) – Wohltäter wird von dem Opfer seiner Güte (exzessive Uneigennützigkeit wirkt demoralisierend) ebenso gehaßt wie ein Schurke (vornehmer Typ), der es grausam leiden macht, von dem seinen. Beide exekutieren eben Sinnloses. Letzthin: alle vier. Es ist gar nicht auffällig, daß Bösewichter beiweitem leidenschaftlicher geliebt werden als Edelknaben (la barbe!) und diese nur dann ebenso, wenn sie aus – Bosheit wahrhaft gut sind. (Wahrhaft gut ist man *nur* aus Bosheit!) Deshalb sind nirgendwo Wutanfälle so häufig wie da, wo (hopsdoderohhhhh!) – geliebt wird …

63° Jeder Schriftsteller, der für bedeutend gehalten sein möchte (also *jeder*!), sorgt dafür, daß die Quartalexzesse, die er seiner Biographie liefert, nicht unbedeutend sind. Man ist dafür, daß es nicht auszuhalten ist, und lebt davon (nicht unbedingt in Villen). Man behandle doch seine Exzessemente als Auswurf! Gebrochene Galle!! O ihr verfluchten Spiegel!!! … Wenn man schon seinen eigenen Gestank als Duft empfindet, so erspare man ihn wenigstens anderen. Schöne Frauen verursachen ja nun oft, daß sogar reguläre Dummköpfe sich idiotisch benehmen: es wäre also noch irgendwie erfreulich, sich als begabtes Scheuel (mit leisen Relativ-Sätzen) aufzuspielen und ganz von unten her Heißestes zu ergattern. Im übrigen versagt schon das Kichern über das eigene Kichern. Und sofort erscheint die Wut …

64° Ganz zutiefst hat man sich nie in der Gewalt. Wie sollte man auch! (Jede Kleidung wirkt grotesk.) Man stelle sich vor: man ärgert sich über das Schweigen der Anwesenden und beginnt, darob beiweitem ärgerlicher noch, zu sprechen, obwohl … (Mühsame Überlegungen wie: »Was soll uns die Neurosenlehre!« oder: »Ist Odol das Beste für das Herz?«) … Nach wenigen Sätzen ist man ja doch bereits einwandfrei wütend. Worüber? … Das sicherste Mittel, gegen Schweigende sich zu halten, ist: ebenfalls zu schweigen. Dies violette Erfahrung, nun ja … Man kann eben seinen Haß gegen andere nur genießen, wenn er nicht bemerkt wird. Man kann sich überhaupt nur halten, wenn man unentdeckt haßt, verrattert, unterkellert … Voilà: die Wut beschließt, sich zu rächen. Der Herr exzediert sohin flott, *sehr* flott … Jedoch: o Empore alles Lottergestentums –: woran? woran? woran Rache? … He? … (Doch damit entlockt man keinem Leichnam Gase. Vielleicht aber dem Joachim Friedenthal, der noch leben soll, eine Zeile.)

65° Kurz, es genügt, sich überzeugt zu haben, daß die seltsamsten und in der erquickendsten Weise neugierigen Geschöpfe stets sehr unklar mißliebige Ausländer sind, die sich vor allem dadurch von dem Seifendreck ihrer jeweiligen Umgebung vorteilhaft unterscheiden, daß sie ihren Willen nicht auf ihren Verstand loslassen (Bolschewisten). Wahrhaftig, der Mensch ist weder ein Universaltropus (Kohlenobligation), noch fähig, durch Abschaffung der Armut die Welt zu bereichern oder etwa die Erträglichkeit geselligen Beisammenseins zu steigern, indem er weniger lügt. (Ich besitze die unerschütterliche Überzeugung, daß ich mein Zeitvertreib bin und ein höflicher Mensch.) … Man kann eben wirklich nicht mehr an die von Buddha (einem typischen Grenzfall von Ichthiosis und Paranoia) angesagte Menschheitswelle glauben, wenn man täglich mitanzusehen gezwungen ist, wie die feschesten Trottoir-Heroinen den größten Wert darauf legen, von Bankdirektorsgattinnen geschnitten zu werden. Das ist wirklich zu viel. Ich sehe mir den Monte Salvatore an. Ich vermag seine Kuppenhaare von der geistvoller Weise nach ihm benannten Straße aus zu erkennen. Und ich sage mir: »Laissons la salade. Faisons un grand arrangement.«

66° Es besteht eine Lücke besonderen Knalleffekts ... Man geht (zum Teufel nochmal!) unter die Leute, um sich an seinem Haß gegen sie zu weiden, aber ... man riecht die Lücke und es geht nicht mehr (nicht einmal mehr mit den Beinen) ... Und man weiß Bescheid: alles labiles Selbstgestolper schwierigster Natur, alles Haltungsunvermögen (man kann auch schweigend sich nicht halten), alles doppelt gedrehte Schiebung ipsius generis (man stemmt seine Psyche waggonähnlich über Land), alles unhaltbar, unter allen Umständen ... Nicht einmal daran, daß man sich an nichts halten kann, kann man sich halten, geschätzte Feinde ... Der Herr exzediert sohin flott: aus – *Lückenwut*
...

67° »Ein Menschenleben ist, als zählt man eins.« (Shakespeare m. p.) Nun, ich behaupte, nicht bis eins zählen zu können. (Menschenleben: geliefert worden sein.) ... Leuten gegenüber, die jedes Gespräch augenblicks auf die Höhe bugsieren, allwo es sich bekanntlich niemals befindet, empfiehlt es sich, Goethe für ein untergeschobenes indisches Kind zu halten. Das macht außerdem Appetit. (Mein letzter Wunsch wäre: mich einmal selber zum Besten geben zu können; oder: mich einmal wirklich zum Besten halten zu können.)

68° Knapp vorstehende Zeile ist triplesinnig. Bitte achten Sie auf die Arbeit, Leser ... (Hohn als Unterwäsche ...)

69° Durch eine sprachliche Formulierung wird ein betrübsamer Zustand (Rheuma, la purée, Mißwachsenheit) keineswegs erträglicher ... Anfangs ist es zwar oft, als gewänne ein Gedanke durch mehrere Formulierungen; später aber, als verlöre er dadurch sehr; und endlich genügt eine einzige, um ihn völlig lächerlich zu machen. Ein Gedankengang? Ein Kreuzweg. Man kann ihn stundenlang nach allen Wind-Richtungen hin ins Endlose fortsetzen ... Letzthin okuliert: jeder Gedanke ist ein (zumindest leichter) Wutanfall. Gegen die unverschämte Ruhe und Sicherheit der Umgebung, inklusive die Geistportiers. Doch diese geballte Einsicht macht nur noch wütender. Ist es nicht am sinnlosesten, wütend zu sein? ... Eine kleine Beobachtung zur Disposition: oft, wenn man gänzlich sinnlos tobt, begibt sich das Gefühl, das (pepepe-pepère) – Leben hätte in diesem Augenblick einen Sinn bekommen. Das Wüten wäre also das Leben selber? Zwar gewiß: Wut enthält am meisten Aufrichtigkeit: zwar gewiß: alle restlichen Zustände sind nur dadurch auszuhalten, daß die Wut verborgen bleibt oder daß der Herr sich verstellt ... Dennoch: Sinnlosigkeit, auf ihrem höchsten Punkt angelangt, ist Wut, Wut, Wut und noch lange kein Sinn ...

70° Kein Geld haben, ist fast ein Gegenbeweis. Welches haben, eine Katastrophe. (*Jede* Gesinnung schändet.)

71° Nach einem guten Diner gelingt mir am stattlichsten die Überzeugung, daß kein Trottel sich so oft für so trottelhaft hält wie ein (nun ja) – Nichttrottel. Das ist aber auch der ganze Unterschied. Pas la peine! Jeder aufrichtige Nichttrottel ist zudem Zyniker. (Zynismus: äußerster Mangel an Einseitigkeit!). Vom Zyniker zum Exzedeur ist übrigens nur ein – pas (la peine?). Das vorderste cynisme wird derart vielseitig, daß es wieder einseitig gerät. Das bemerkt man natürlich und wird wütend. Der unaufrichtige Nichttrottel: ... dieser Mensch ist *gut*. Wem ist noch nicht speiübel? ... (Wem ist noch nicht *wohl*?)

72° (Gefühl!) ... So denn: ein wenig Professierliches! Höret halb: ein Gefühl entsteht, wenn ein Körper, der etwas empfindet (Yvonne), unterwegs ist, sich Gedanken darüber zu machen. Ist es gelungen, so ist das Gefühl glücklich beseitigt und der Gedanke vor dem über sich selber angelangt. Und da wird jedem Kräftigen übel. Wer will etwa noch dahinterkommen? Da doch das Bewußtsein (Patent Oil Urinoir) immer nur mit sich selber sich beschäftigen kann, immer nur sich selber beweist (Deklinationen!), sogar dann, wenn es sich widerlegen will! Seinen eigenen Sinn erfischen: mit *diesem* Apparat? Und nun gar *den* Sinn! (»Qui est là? Yvonne?«)

73° Der Privatmann ist verstimmt ... Bewußtsein ist Eitelkeit: die Langeweile inkarniert. Haß: das unbefriedigte Rachegefühl gekränkter

Eitelkeit, somit ein schweres Minderwertigkeitssymptom (sofern es nicht ein schlapper Sport ist). Denn man haßt, wenn man spricht, nicht nur den, der zuhört, sondern auch sich selbst. Da aber nur Eitelkeit zum Reden veranlaßt, wird sie durch eben dieses Reden bereits gekränkt. Das Rachegefühl bleibt deshalb stets unbefriedigt, da es ja doch nur dadurch gestillt werden könnte, daß man die Lücke zu füllen wüßte. Folglich: Langeweile der Eitelkeit, Langeweile des Hasses, Langeweile der Rache, Langeweile der Wut, Langeweile, Langeweile, Langeweile … Der Kanalzirkel ist geschlossen. Der Privatmann furzt.

74° Eine Möglichkeit wäre vielleicht: sich bewußt gehen lassen, sich offen hinreißen lassen zu seinen verkapseltsten verbogensten Lächerlichkeiten und trucs – als die große Auslieferung, welche die einzige restlose Selbstzurücknahme gestattet: den Tritt – weg von sich. (Dem Kosmos bei dieser Gelegenheit appliziert!) … Man sei sein eigener Blender! Ein kindischester Raser!! Man sei da da!!! … Manchmal wundere ich mich sehr, daß nicht *alle* augenblicklich zu toben anfangen oder doch zumindest mit allem aufhören … Kikeriki!!! …

75° Schließlich ist auch das idiotischeste Geplärr eine Möglichkeit. Hinter jedem Satz hat man ein wildes Gelächter unmißverständlich anzudeuten; hinter jeder Muskelbewegung optischeren Charakters desgleichen: sonst ist man ein – ernster Mensch … Sum: ob nicht das menschliche Hirn bloß ein hereditär-chronisches Geschwür ist? Dagegen spricht der Umstand, daß ich diesen Einfall ohne dieses Geschwür gar nicht gehabt hätte, durchaus nicht. Alles ist ein Symptom. Die Sprache ebenso wie die durch sie produzierten Resultate. Es ist kein Standpunkt, keinen zu haben. Die Erde bewegt sich (irgendwie) und das Denken ist wahrscheinlich nur ein Symptom dieser Bewegung … Da man den Sinn (die Lücke) nicht hat, hat man den Wahn, einen Sinn zu haben, oder den, keinen Wahn zu haben, erfreulicheren Falls. Man ist also inkurabel wahnsinnig … Daß diesen heiteren Zustand ein jahrtausendealtes Geschwür besorgen sollte, ist ein fast beruhigender Gedanke. Gedanke? Epochal! Wahnsinn? Säkular! Ist das nicht auch ein Wahn? O stundenlang, o stundenlang … Kike-

riki! ... Gewiß: aber es ist der dünnste, der letzte, der helle Wahnsinn
... Ich kann mir deshalb freudvoll gestatten, Kikeriki zu schreien. (Ich
habe soeben Kikeriki geschrien ...) ... *Kikeriki!!!* ...

76° Allerleichtester Erzählerton: Wenn man übersieht, daß um Geld
gespielt wird auf dieser Welt, achte man darauf, daß es Leute gibt,
die bereits welches besitzen. Spielt man, um zu spielen? Oder, um zu
trumpfen? Oder, um zu mogeln? Man sollte endgültig dafür sein,
Schokoladebildchen zu sammeln und wieder unter das Publikum zu
bringen, wenn man sich mehr als 481 beigebracht hat. Oder sollte
man dagegen sein? Schließlich aber ist dagegen sein schon zu viel.
Etwa bloß müllern? Faktisch müllern? Wäre das nicht dasselbe? Man
müßte sich geräuschlos hinlegen und verrecken. Leider aber kann
man das nicht, da man Geräusch machen würde. Nun, jedenfalls war
Jacques Lebaudy, der Kaiser der Sahara, ein wirklich großer Mann.
Halt, war nicht der Clown Footit größer? Oder die Pankhurst? Aber
der Sirius ist noch größer, dieser blöde Stern. Wer möchte einen
Sonntag lang »Kanalgitterbestandteil« heißen? Wer »Hämbo«? Wer
»Womwa«? ... L. D. ... – ? – ... (Letzte Dinge) ...

77° nichtsdestoweniger adelt die sau vom saftlosen postbureau den
in jeder hinsicht aprilschwangeren baldachinmops schwerstbeheimatet
und breibeflort auf erdveräderter raketenexpreßzwecke bauch spannte
der fuhrmann die ochsen wieder vor und fuhr mit seiner gewohnten
langsamkeit in den großtag behymneten erkennens der bahnbrechen-
den kondukteure bewimple den regentropfen er wird es dir dank
wissen dieser plagiator der schlitzfenster und druckböen und abend-
wunde windfänge bezischeln die mädchen für alles und ein für allemal
und georgmüllern sachte und unüberlegt da wohl polizistenschiffe
nicht angeregt vom gichtischen echo der pfützenschlucker und ge-
schlechtsfinger wie ja in paradiesisch ausgespucktem lungenflügel sich
laben javanische vormittagsgenießer trotzdem die berichte über das
kuligefieber nebst dem artigen pupillenspinner und dem wahrsagekrap-
fen das andemolieren der paprikakothurne zahlbar in verzögerten
teichsanteilbeinen durch hellebardenpelissen den kropf beendet mit

pech und sind aus liebe die mittleren beerenrammler fersengeld
schuldig geblieben ha so träumt er nicht von esquadrillen billen und
von stubenpfeffer der die daisies und sonderlich den coupe jacques
so plombières astral behirzt wie nur noch cerises jubilée

78° Dem Kosmos einen Tritt! Vive Dada!!!

Lugano, im März 1918.